Martin Klein

Kleine Sportgeschichten

Mit Bildern von Regina Kehn

arsEdition

Eiskunstlauf und Eishockey

Vier Freunde tummeln sich
auf einem zugefrorenen Teich.
Im Moment
übt jeder von ihnen
für sich allein.

Das ist Motte.
Sie hat auch im Winter
viele Sommersprossen
und genauso viele Ideen.
Sie fährt mutig Schlittschuh.
Aber sie kann
nicht so gut bremsen.

Das ist Piet.
Obwohl Piet etwas hinkt,
ist er ein guter Kicker.
Und ein sehr guter Torwart.
Auf Schlittschuhen
stand Piet vorher noch nie.
Beim Eishockey
braucht man aber
Schlittschuhe.

Heute übt Piet
zum ersten Mal.

„Weg da!“,
ruft Motte.
„Ich kann nicht!“,
ruft Piet.

Das ist Jochen.
Jochen ist ein Denker
und ein Bastler.
Ein Eishockeytor zu bauen
ist für ihn kein Problem.
Muskeln hat er auch.
Da kann nicht viel schief gehen.
Oder doch?

„Weg da!“,
rufen Piet und Motte.
Aber das Eishockey-Tor
kann natürlich nicht ausweichen.

Und Jochen sieht
die beiden zu spät.

Das ist Nena
mit ihren flotten
Eis-Klamotten.
Sie ist eine elegante Eis-Tänzerin.
Aber sie kann noch mehr:
Mit links hat sie zum Beispiel
einen eisenharten Schuss.

„Weg da!“,
rufen Motte, Piet und Jochen.
Aber Nena hört sie nicht.
So endet ihre Kür
im Eishockey-Tor.

Nun sind die vier Freunde
wieder zusammen.
Nena, Motte,
Piet und Jochen
sind ziemlich
verschieden.

Aber sie machen
auch vieles gemeinsam.

Weitsprung

„Ich kann
am weitesten springen!“,
ruft Nena.
„Nein, ich!“, meint Piet.
„Vielleicht auch ich“,
sagt Jochen.
Motte sagt nichts.

Auf gehts
zum großen Sandkasten.
Auf der Umrandung
ist der Absprung.

Piet fängt an.
Er nimmt einen Riesen-Anlauf.

Es sieht etwas komisch aus.
Seine Schritte sind
nicht gleich groß.
Aber er springt weit.

Zufrieden schüttelt Piet
den Sand aus seinen Schuhen:
„Weiter müsst ihr erst mal kommen!"
Piet zieht einen Strich
an der Stelle,
wo er gelandet ist.
Nein, etwas weiter vorn.

Jetzt ist Jochen dran.
Beim Sprung breitet er
seine Arme aus und ruft:
„Ich fliege, ich fliege!"

Ein kurzes Stück
fliegt er wirklich.
Fast bis dahin,
wo Piets Strich ist.
„Der gilt für uns beide!", ruft Jochen.
„Weil meine Beine kürzer sind!"

Nena misst ihren Anlauf
genau ab:
Zehn und zehn
und dreieinhalb Schritte.
So machen das die Profis.

Sie rennt sehr elegant.
Und der Sprung:
Noch eleganter.
Und die Landung: Wunderbar!

Piet und Jochen
gucken wie Zitronen.
„Sieg!“, jubelt Nena.
„Noch nicht“, sagt Motte.
„Pah“, macht Nena.

Sie zieht einen Strich.
Etwas weiter als da,
wo sie gelandet ist.
Weil gerade keiner guckt.
Für alle Fälle.

Platz frei für Motte!
Ihr Anlauf ist sehr kurz.
Sie hüpft
auf den Balken zu.
Was für ein Sieges-Sprung!
Motte lacht.

„Gratuliere“, sagt Nena.
„Wie hast du das geschafft?“

„Ich hatte eine besondere Idee“,
erklärt Motte.
„Ich habe mich mal kurz
in ein Känguru verwandelt.
Habt ihr das
nicht bemerkt?“

Elfer-Schießen

Motte, Piet, Jochen und Nena
spielen oft Elfer-Schießen.
Das ist eine Mischung
aus Fußball und Rechnen
und geht so:

Geschossen wird
vom Elf-Meter-Punkt aus.
Jeder Schuss heißt Elfer.
Alle haben zehn Punkte.
Bis auf den,
der zuerst ins Tor geht.
Der hat einen mehr.

Wer den Elfer versenkt,
behält seine Punkte.
Wer einen Elfer schießt
und kein Tor erzielt,
kriegt einen Punkt abgezogen.
Außerdem muss er
ins Tor gehen.

Der Torwart
verliert jedes Mal einen Punkt,
wenn er einen Elfer reinlässt.
Sieger ist,
wer zuletzt noch Punkte hat.

Piet ist der beste Torwart.
Nena hat den besten Schuss.
Deshalb gewinnt meistens
einer der beiden.
Aber manchmal gewinnen
auch Motte oder Jochen.
Denn beim Elfer-Schießen
ist alles möglich.

Piet möchte gern
noch öfter gewinnen.
Wenn nur Nenas
eisenharte Links-Schüsse
nicht wären!
Wie kann Piet verhindern,
dass ihre Bälle
im Netz zappeln?

Piet fragt Jochen um Rat.
„Ich weiß was“,
sagt Jochen.
„Wie fängt man Eisen?
Mit einem Magnet!“

Beim nächsten Elfer-Schießen
stellt Piet sich
etwas vor:

Zwei flache Magnete sind
in seinen Handschuhen versteckt.
Und im Ball kleben
vier Eisenstücke,
gleichmäßig verteilt.
Hat seine Mutter
extra für ihn
angefertigt.

Jetzt stellt er sich vor,
er sei unbesiegbar.
Der Träumer.

Doch Nena hat längst
Anlauf genommen!
Sie täuscht astrein an.
„Unhaltbar!“,
rufen Jochen und Motte.

Von wegen,
denkt Piet.
Jetzt dreht der Ball ab!
Er landet in meinen Händen
wie durch Zauberhand!
Ab jetzt halte ich jeden!

Doch in Wirklichkeit
liegt der Ball
längst im Tor.

Seifenkisten-Rennen

Am nächsten Sonntag
steigt am Teufelshang
das große Seifenkisten-Rennen.
Deswegen hat Jochen
mit seinem Vater
eine tolle Seifenkiste
gebaut.
Sie heißt Jo wie Jochen.

„Könnte ich nicht mitfahren?“,
fragen Motte, Piet und Nena
gleichzeitig.

Jochen schüttelt den Kopf:
„Kein Platz.
Und zu schwer seid ihr auch."

„Mit uns ist die Seifenkiste
aber schneller",
sagt Piet.
„Weil sie beim Start von uns
gut angeschoben wird."

„Und außerdem
sind wir befreundet",
sagt Motte.

„Und Freunde nimmt
man immer mit“,
sagt Nena.
„Na gut“, sagt Jochen.

Mit Hilfe seines Vaters
verlängern die vier Freunde
die Seifenkiste.
Und aus Jo
wird JoMoNePi.

Am Renntag wird
der Teufelshang
von dicken Strohballen begrenzt.
Dahinter drängelt das Publikum.
Die Familien der vier Piloten
sind natürlich dabei.

Die vier
schieben rasant an.
Die Seifenkiste düst ab
wie ein wilder Ferrari!

Schneller und schneller!
Die Kiste rast
auf die Strohballen
in der Kurve zu.

„Aaachtung!“,
schreit Jochens Vater.
„Lenken!“

„Vooorsicht!“,
schreit Mottes Mutter.
„Bremsen!“

Ausgeschieden und vorbei.
„Ist euch was passiert?!“,
rufen die Eltern aufgeregt.
Nein, alle sind wohlauf.
Nur JoMoNePi ist kaputt.

„Ein guter Sturz ist besser
als ein schlechter Sieg“,
sagt Jochens Vater.

So ein Quatsch.
Oder nicht?

Jochen hält ein Brett hoch.
„Das ist noch ganz!“,
ruft er.
„Das können wir glatt
noch mal verwenden!“

Werner Färber

Kleine Fußballgeschichten

Mit Bildern von Betty Sack

arsEdition

Ein gerechtes Tor

Emin ist Torwart.
Heute spielt
Emins Mannschaft
gegen den FC Markdorf.
Zur Pause steht es 0 : 0.

In der zweiten Halbzeit
kommen plötzlich
drei Markdorfer Stürmer
vor Emins Tor.

Emin läuft heraus.
Aber gegen drei
kann er nichts machen.
Hilflos muss er zusehen,
wie der Ball
auf das leere Tor zurollt.

Plötzlich rennt ein Hund
auf den Platz.
Es ist Emins Hund Buffi.
Wieso hat Papa
ihn nicht an der Leine?
Buffi jagt
dem Ball hinterher.
Kurz vor der Torlinie
fängt er ihn ab.

Der Schiedsrichter pfeift.
Emins Vater
holt Buffi vom Platz.
Die Spieler vom FC Markdorf
sind sauer,
weil ihr Tor nicht zählt.

Als Emins Mannschaft
mit 1 : 0 in Führung geht,
kann er sich nicht freuen.
Ohne Buffi
würde es jetzt 1 : 1 stehen.
Das wäre gerecht.
Ob Emin absichtlich
ein Tor reinlassen soll?

Ein Spieler
der Markdorfer
kommt auf Emin zu.
Mutig wirft sich Emin
dem Ball entgegen.

Der Markdorfer Stürmer fällt.
Der Schiedsrichter pfeift
und zeigt
auf den Elfmeterpunkt.
Dabei hat Emin den Gegner
nicht einmal berührt.
Aber Emin sagt nichts.

Der Markdorfer Stürmer
läuft an.
Emin hechtet
in die linke Ecke.
Der Stürmer knallt den Ball
unhaltbar ins Tor.

Niemand kann Emin
etwas vorwerfen.
Und gerecht
ist dieses Tor sowieso.

Gurkenkicker

Atze und Sven
wählen Mannschaften.
Oliver und ein Neuer
bleiben übrig.

Oliver wird immer
erst am Schluss gewählt.
Er spielt
nicht besonders gut Fußball.
Die anderen nennen ihn
einen Gurkenkicker.

Aber als Verteidiger
ist Oliver trotzdem
ganz brauchbar.

„Wie heißt du?“,
fragt Sven den Neuen.
„Florian.“
„Spielst du gut?“
„Weiß nicht“, sagt Florian.
„Stürmer oder Verteidiger?“,
fragt Atze.
„Weiß nicht“, sagt Florian.
„Ich nehme Oliver“, sagt Sven.

Atze nimmt murrend den Neuen.
Er schickt ihn
als Stürmer nach vorne.
„Das ist dein Mann, kapiert?“,
sagt Sven zu Oliver.

Oliver stellt sich
neben den Neuen
um ihn zu decken.

Kaum hat das Spiel begonnen,
kommt der Ball
auf die beiden zu.
Florian fängt den Ball
mit den Händen.

„Wir spielen Fußball,
du Pfeife“,
schnauzt Atze Florian an.
„Tut mir leid“, sagt Florian.

„Mach dir nichts daraus“,
raunt Oliver ihm zu.
Dann führt er
den Freistoß aus.
Der Ball geht ins Aus.

Oliver und Florian werden
kaum noch angespielt.
Sie haben viel Zeit
um sich zu unterhalten.

Als Atzes Mannschaft
fünf Tore im Rückstand ist,
gibt Atze auf.
„Mit so einer Gurke
kann man ja nicht gewinnen“,
meckert er
und geht nach Hause.

„Du“, sagt Florian zu Oliver.
„Kickst du morgen mit mir?“
„Ich?“, fragt Oliver erstaunt.
„Ja“, sagt Florian.
„Du spielst so gut.“
Das hat noch
keiner zu Oliver
gesagt.

Und vom nächsten Tag an
üben die beiden.
Schießen, stoppen
und Pässe schlagen.
Bald sagt keiner mehr,
dass sie Gurkenkicker sind!

Gelbe Karte für Papa

Silke spielt
in der E-Mannschaft
ganz vorne im Sturm.
Ihr erstes Tor
hat sie heute schon geschossen.

Und schon wieder
schießt Silke aufs Tor.
Der Torwart lenkt den Ball
an den Pfosten.
Er hechtet hinterher
und begräbt den Ball
unter sich.

Silke ist sich nicht sicher,
ob der Ball im Tor war.
Der Schiedsrichter
lässt weiterspielen.

Aber Silkes Papa rennt
an der Seitenlinie auf und ab.
„Das war ein Tor!“,
ruft er aufs Spielfeld.
„Ich kann es beweisen!
Ich habe alles gefilmt!“
Er hält dem Schiedsrichter
seine Video-Kamera hin.

Silkes Papa schimpft so laut,
dass es dem Schiedsrichter
zu bunt wird.
Er zeigt Silkes Papa
die gelbe Karte.

Silke würde am liebsten
im Boden versinken.

Zu Hause sieht sich Papa
seine Aufnahme an.
Vorwärts, rückwärts
und in Zeitlupe.
Immer wieder.

„Da, eindeutig“, sagt Papa.
„Dein Schuss war drin.
Dieser blinde Schiedsrichter.“

„Papa“, sagt Silke.
„Wir haben doch
auch so gewonnen.“

Sie nimmt sich vor,
das nächste Mal
stärker draufzuhauen.
Sodass der Ball
im Netz zappelt.
Dann bekommt auch Papa
keine gelbe Karte mehr.

Ein toller Schuss

Die erste Mannschaft
aus Wankel
trifft im Pokalspiel
auf den Karlsruher SC.
Die Karlsruher spielen
in der Bundesliga.

Das kleine Stadion
ist so voll wie noch nie.
Kevin hockt als Balljunge
am Spielfeldrand.

Ein Spieler aus Wankel
schlägt den Ball ins Aus.
Kevin rast hinterher.

Mit voller Wucht
schießt er den Ball
einem Karlsruher zu.

„Donnerwetter!
Dein Schuss
haut mich ja fast
aus den Schuhen“,
sagt der Karlsruher Spieler.
„Entschuldigung“, sagt Kevin.

Stolz ist er trotzdem.
Ein Spieler
aus der Bundesliga
hat mit ihm geredet!
Ein Spieler
aus der Bundesliga
hat seinen Schuss gelobt!

Das Spiel geht weiter.
Der Karlsruher Libero
spielt den Ball nach vorne.
Der Mittelstürmer köpft – 0 : 1.
Nichts zu machen.
Am Ende steht es 1 : 9.

Für Kevin ist es trotzdem
ein ganz besonderer Tag.
Noch nie ist er Spielern
aus der Bundesliga
so nahe gewesen.

Nach dem Schlusspfiff
bekommen die Balljungen
Autogramme von den Spielern
der ersten Liga.

Der Spieler, den Kevin
fast umgeschossen hat,
schenkt Kevin
sogar sein Trikot.

Der alte Grummbach

Manni schießt den Ball
in den Garten
vom alten Grummbach.

„Den holst du!“,
sagt Ben zu Manni.
„Kein Problem“, sagt Manni.

Im selben Moment
kommt der alte Grummbach
in den Garten.
„Mist“, sagt Manni.
Nun traut er sich nicht mehr
über den Zaun zu klettern.

„Hat jemand Geld dabei?“,
fragt Jana.
„Wofür das denn?“, fragt Ben.
„Ich rufe
beim alten Grummbach an“,
sagt Jana.
„Wenn er ans Telefon geht,
kann Manni den Ball holen.“

Jana bekommt zwei Zehner
und geht zur Telefonzelle.

Der alte Grummbach
hört sein Telefon klingeln
und geht ins Haus.
Schnell klettert Manni
über den Zaun.

Der alte Grummbach hebt ab.
„Hallo, Onkel Heinz“, sagt Jana.
„Ich kenne keinen Heinz.
Wer bist du?“,
fragt der alte Grummbach.
„Seine Nichte“, sagt Jana.

Zufällig schaut
der alte Grummbach
aus dem Fenster.
Er sieht Manni
durch den Garten rennen.

„So, seine Nichte“,
sagt der alte Grummbach.
„Und der da draußen
in meinem Garten
ist bestimmt deine Oma.“

Jana schluckt.
Der alte Grummbach
hat sie durchschaut.
„Nein, das ist mein Freund“,
sagt Jana kleinlaut.

„Das nächste Mal
benutzt ihr einfach
das Gartentor.
Das ist auf Dauer billiger
als telefonieren.“
„Ja, danke“, sagt Jana
und legt auf.